Intervenciones tempranas de la lectura

Lala

por Marisol Acosta
ilustrado por Nancy Davis

McGraw Hill SRA

Bothell, WA • Chicago, IL • Columbus, OH • New York, NY

MHEonline.com

McGraw-Hill SRA

Send all inquiries to:
McGraw-Hill Education
8787 Orion Place
Columbus, OH 43240

ISBN: 978-0-02-114671-0
MHID: 0-02-114671-3

Printed in the United States of America.

6 7 8 9 10 MER 25 24 23 22 21

The McGraw-Hill Companies

Lala

• • • •

Esta es Lala.

Lala me ama.

Me ama Lala.